“一带一路”上的奇珍异宝（下）

YIDAIYILU SHANG DE QIZHEN YIBAO

丛书主编 / 王义桅
分册主编 / 李妍　孙明慧

新世界出版社
NEW WORLD PRESS

图书在版编目（CIP）数据

“一带一路”上的奇珍异宝. 下 / 李妍，孙明慧分册主编. --北京 : 新世界出版社，2018.2（2021.2重印）

（“一带一路”读本 / 王义桅主编）

ISBN 978-7-5104-6173-6

Ⅰ. ①一… Ⅱ. ①李… ②孙… Ⅲ. ①“一带一路”－国际合作－青少年读物 Ⅳ. ①F125-49

中国版本图书馆CIP数据核字(2018)第005864号

“一带一路”上的奇珍异宝（下）

分册主编：李　妍　孙明慧
责任编辑：曲衍立
责任印制：王宝根　章莹莹
出版发行：新世界出版社
社　　址：北京西城区百万庄大街24号(100037)
发 行 部：(010)6899 5968　(010)6899 8705（传真）
总 编 室：(010)6899 5424　(010)6832 6679（传真）
网　　址：http://www.nwp.cn
http://www.nwp.com.cn
版 权 部：+8610 6899 6306
版权部电子信箱：nwpcd@sina.com
印　　刷：合肥华云印务有限责任公司
经　　销：新华书店
开　　本：787mm×1092mm 1/16
字　　数：60千字　　印　　张：4
版　　次：2018年2月第1版　2021年2月第4次印刷
书　　号：ISBN 978-7-5104-6173-6
定　　价：13.50元

我们与收入本书的作品（包括图片、画作）的作者进行了广泛联系，得到了他们的大力支持，对此我们表示衷心感谢。但仍有部分作者未能联系上，烦请作者与我们联系，以便支付稿酬。

前　言

同学们，今天，如果你们去欧洲、非洲的国家旅游，会选择什么样的交通工具呢？

是飞机，是火车，还是豪华游轮？

不管选择哪一种，便捷高效的交通，都将远在天边的国家，变得似乎近在咫尺，也将我们的地球，变成了一个地球村。

但是，你们有没有想过，在古代，陆上丝绸之路上黄沙漫天，马儿和骆驼驮着我们的使者，一步步走向西域；海上丝绸之路上海浪翻滚，水手驾着木质的帆船，乘风破浪，历尽千辛，驶向遥远的彼方。在他们眼里，世界是那么大，路途是那么远。

是什么，让他们勇于踏上征程？他们的行囊里有什么珍贵宝藏？遥远的国度又是何等模样？

是什么，让他们拍手称奇，让他们停下脚步，沉醉在异国他乡？

又是什么，跟随着西去东来者的脚步，在异国他乡留下自己的印记，又或是落地生根，盛开文明之花？

这套书会一一为你解答。

漫漫丝路，孕育的不仅仅是一片片繁荣的乐土，还有“和平合作、开放包容、互学互鉴、互利共赢”的丝路精神。放眼今日，也许曾经喧闹的商路已经变得人迹罕至，也许曾经繁华的市镇已经变了模样，但是丝路精神，依旧长盛不衰，源远流长。它融进了21世纪“一带一路”的建设中，为古代丝绸之路注入新的活力。

假期伊始，我们的小主人公洋洋和丫丫，跟随着博学多识的卡尔叔叔，开启了一段别开生面的丝路之旅。爱好阅读的洋洋，这次不仅要读万卷书，也要行万里路了！对世界充满好奇的丫丫，在沿途又会有什么新的发现呢？

快和我们的主人公一起，去探访丝路上的秘密，看看古代丝路商旅、使者眼中的世界，感受这条千年商路的变迁。在图文并茂的阅读体验中，开阔眼界，增长知识；在“知识链接”的帮助下，排疑解难，加深理解；在“课后思考”的指引下，深入思考，探寻真知。

还等什么，快打开这本书吧！

目录

第一课　意外得来的宝贝——玻璃

“当然是真的了！”哈立德叔叔哈哈大笑，“我可从来都不骗人！”哈立德叔叔一边说着，一边拿出两个锦盒，分别送给了丫丫和洋洋。

丫丫和洋洋打开一看，每个锦盒里面都放着十颗晶莹剔透的玻璃珠。在灯光的照耀下，这些玻璃珠分外美丽。

“好漂亮呀！”丫丫忍不住赞叹起来。

知识链接

在现代日常生活中，玻璃是最为常见的普通材料，所以大多数人都认为玻璃向来就是廉价的普通之物。事实上，玻璃在历史上曾是最昂贵的材料之一，在发明玻璃后两三千年的漫长岁月里，玻璃一直是可与黄金和宝石比肩的奢侈品，只有少数上层显贵才能享用。

"你们还不赶紧谢谢哈立德叔叔。"卡尔叔叔提醒丫丫和洋洋，"在这个时代，这可是稀罕物呢！"

洋洋和丫丫赶紧谢过哈立德叔叔。然后洋洋说道："卡尔叔叔，我还真没想过玻璃是怎么来的呢！"

"大自然中，玻璃是由火山喷出的酸性岩凝固而成的。而世界最早的玻璃制造者是古埃及人，大约在公元前3700年前，他们就已经制出了简单的玻璃饰品和玻璃器皿。"卡尔叔叔耐心地给洋洋解释着，"后来别的民族也发明了玻璃，比如腓尼基人发明玻璃就有一个有趣的小故事，这个得让哈立德叔叔给你们讲讲！"

"这可是一个传奇的故事！"哈立德叔叔眯起了眼睛。

公元前1000多年前，一艘腓尼基人的商船，满载着矿物"天然苏打"，来到了地中海沿岸的贝鲁斯河河口。由于海水落潮，商船搁浅了，于是船员们纷纷登上沙滩避难。有的船员还抬来陶锅，搬来木柴，并用几块"天然苏打"作为陶锅的支架，在沙滩上做起饭来。

船员们吃完饭，潮水开始上涨了。他们正准备

收拾一下，登船继续航行时，突然有人高喊：“大家快来看啊，锅下面的沙地上有一些晶莹明亮、闪闪发光的东西！”

船员们把这些闪烁着光芒的东西，带到船上仔细研究起来。他们发现，这些闪光的东西，是他们做饭时用来做支架的天然苏打，在火焰的作用下，与沙滩上的沙子发生化学反应而产生的物质。后来腓尼基人把石英砂和天然苏打和在一起，然后用一种特制的炉子熔化，制成玻璃球，发了一笔大财。

“腓尼基人好聪明！”丫丫说，“那我们国家呢？”

卡尔叔叔说：“大概在公元前1000年的时候，一些玻璃通过原始的丝绸之路传到了西域，但是数量比较少。张骞出使西域之后，丝绸之路逐渐打通，罗马和波斯的大量玻璃器物通过丝绸之路传入我国。后来，玻璃又从我国传到了朝鲜、日本和东南亚地区。"

知识链接

古代的玻璃制造技术在罗马帝国有了新的飞跃，主要是使玻璃的吹制技术得到流行，同时又发展了雕花玻璃、套色玻璃、绞丝玻璃等技术。罗马的玻璃技术闻名于世，技术传至波斯帝国，在萨珊王朝时期（公元3—5世纪）发展出了切割和磨花技术，形成了非常有波斯文化特色的萨珊玻璃。

采用罗马吹制技术的缠丝纹长颈玻璃瓶，东汉墓出土，洛阳博物馆藏

萨珊乳突玻璃碗，北京西晋华芳墓出土

春秋末年的越王勾践剑，右下角镶嵌着玻璃

“我国的玻璃技术受西方影响很大，不过在早期也是有独特的玻璃技术的。”卡尔叔叔话锋一转，“西周时期可能就出现了原始玻璃。而最早的玻璃制品出现在春秋时期，很可能是烧瓷器的时候，因温度过高而熔化，流下来形成的透明釉滴。所以，我国最早的玻璃技术可能是从原始瓷釉技术演变来的。”

“玻璃跟瓷器一样易碎，是不是后来也主要靠海上丝绸之路运输了？”丫丫突然这样问。

“丫丫说得很对！”卡尔叔叔翘了个大拇指。

“原来玻璃也这么不简单呢！”洋洋忍不住又擦了擦哈立德叔叔送的玻璃“宝贝”，小心翼翼地收了起来。

hǎo le hái zi men zán men chī bǎo hē zú le wǎn shang hǎo hǎo xiū xi ba kǎ ěr shū shu shuō míng tiān wǒ men jì xù chū fā tà shàng lù shàng sī chóu zhī lù

“好了，孩子们，咱们吃饱喝足了，晚上好好休息吧。”卡尔叔叔说，“明天我们继续出发，踏上陆上丝绸之路！”

kè hòu sī kǎo 课后思考

1 féi ní jī rén shì zěn me fā míng bō li de
腓尼基人是怎么发明玻璃的？

2 bō li shì rú hé chuán dào wǒ guó de
玻璃是如何传到我国的？

第二课　丝路上传递的农耕文明

第二天一早，卡尔叔叔就把洋洋和丫丫叫醒了。大家与哈立德叔叔告别，将和一个驼队一起踏上丝绸之路。驼队的商人和伙计，正在把琳琅满目的货物搬到骆驼背上。

知识链接

丝绸之路要经过大片的沙漠地区，比如我国新疆的“死亡之海”——塔克拉玛干沙漠，而骆驼本身是生活在沙漠地区的动物，耐力好、负重大、耐饥渴，还具有识路、寻路、预测风暴的本能，是沙漠地带最佳的运输工具。骆驼在沙漠中用坚毅的脚掌踏出了一条连接欧亚的“丝绸之路”，使不同的文明穿越大漠而碰撞、交融。

"这次我们要穿过整个西域，抵达中原。"卡尔叔叔给大家解释，"路上主要靠这些骆驼运输货物，它们是我们最可靠的朋友。"

"就像咱们在海上丝绸之路上乘坐的大船一样，它们将满载货物，穿过大漠！"洋洋赞叹道。

"卡尔叔叔，这骆驼背上都装着什么货物呢？"丫丫提出了问题。

"这里主要有玻璃、宝石、地毯、葡萄干、胡瓜、胡桃、胡椒……"

"咦？好多东西是'胡'字开头啊，好奇怪！"还没等卡尔叔叔说完，洋洋就发现了一个特别的地方。

"这些'胡'字打头的东西，都是从西域流入中原地区的。在古代，我们称北方边境的国家为'胡'，后来，西域和更西边的人都被叫成了胡人。当一样东西从这些地方传入中原时，大家就习惯在名字前面加一个'胡'字。"卡尔叔叔解释说。

"这么一说的话，从西方传进来的食物好像非常多呢！"丫丫说。

"没错，除了这些，胡萝卜、胡豆、菠菜、石榴等也是从丝绸之路传入中原的。"卡尔叔叔一下子列举了很多食物，"虽然咱们现在吃的东西种类很多，但在古

时候，尤其是秦朝以前，农作物可没有多少种！西汉时开辟了丝绸之路，中原与西域开始贸易往来，在接下来的漫长岁月里，许多国外的农作物才顺着陆上和海上丝路来到我国。咱们现有的粮食、蔬菜、水果，有五十多种都是来自国外的。”

“原来这么多好吃的，都不是我国原产的啊！”丫丫感叹道。

“汉朝和唐朝是陆上丝路最繁荣的两个时期，同样也是引进农作物的两个高峰时期。那时候，西域向中原传入的主要是水果和蔬菜，除了前面说过的，还有芝麻、香菜、西瓜等。”卡尔叔叔回答道。

"比如咱们平时常见的黄瓜，当时是叫胡瓜的。"卡尔叔叔又讲起了故事，"张骞把它从西域带回了中原。后赵时期，石勒登基为帝，他是羯族人，非常讨厌别人称自己国家的人为'胡人'，于是他就颁布法令，不允许任何人提到'胡'字。有一天，襄国郡守樊坦来拜见石勒，在吃饭的时候，石勒指着一盘胡瓜问樊坦：'你知道这叫什么名字吗？'樊坦知道这是胡瓜，但因为不能提到'胡'字，于是就恭敬地说：'金酒杯里面装着美酒，玉盘里面盛着黄瓜。'石勒听了十分满意，胡瓜从此就改名叫黄瓜了。"

“明代也是国外农作物传入我国的一个重要时期，那时大量的美洲粮食传到了咱们国家。”卡尔叔叔补充道。

“美洲？”洋洋有些疑惑，“陆上和海上丝路都没有到达美洲吧？”

“你说得没错。”卡尔叔叔赞许道，“是这样的，1492年，哥伦布发现了美洲新大陆，后来西班牙人驻扎到菲律宾，把美洲农作物带了过去，后来又顺着海上丝路传入了我国。比如番薯、玉米、土豆、木薯等。”

“原来是这样！”丫丫感叹，“这些我可都挺爱吃的呢！”

卡尔叔叔感慨道：“这些沿着丝绸之路来到中国的农作物，不光丰富了人们的口味，还影响了咱们生活的点点滴滴。比如在汉代以前，人们都是食用动物油脂的，芝麻传进来后，人们就开始食用用芝麻做的植物油了，后来又有了用大豆、油菜、花生、向日葵等植物做的油。而一些产量很高的粮食作物来到中国后，更使得同样的土地养活了更多的人口。”

知识链接

zhī shi liàn jiē

明朝之后，中国的人口就不断增长，尤其是到了清朝末年，已经突破了四亿。这样一来，耕地不足、粮食短缺的问题就非常严重了。传入的美洲粮食作物对当时的中国而言是有着非常大的作用的，比如番薯、玉米，它们耐旱又高产，而且可以种在比较贫瘠的丘陵、山区，大大地缓解了我国粮食不足的问题。

“中国能有这么多人，原来跟这也有关系啊！”洋洋又学到了新知识。

“是啊！”卡尔叔叔顿了顿，又说道，“其实，咱们中国的农作物也有传到国外的，比如桃树、杏树、桑树、漆树等。”

“我最喜欢桃树了！桃子好好吃，桃花也好美！”丫丫说道。

卡尔叔叔笑着说：“桃树是我国最古老的果树之一。大约在两千年前，桃树沿着丝绸之路经中亚向西方传播，一直传到波斯、希腊、罗马，再依次传入法国、德国、西班牙、葡萄牙等地。外国人可是非常喜欢咱们的桃树呢！”

知识链接
zhī shi liàn jiē

yìn dù de táo shù zài táng cháo sēng rén xuán zàng de dà táng xī yù
印度的桃树——在唐朝僧人玄奘的《大唐西域
jì zhōng jì zǎi shuō gōng yuán shì jì shí wǒ guó gān sù yí dài bù zú de
记》中记载说，公元1世纪时，我国甘肃一带部族的
shāng rén zài qián wǎng yìn dù shí bù jǐn dài qù le jīng měi de sī chóu hái dài
商人在前往印度时，不仅带去了精美的丝绸，还带
qù le táo yóu cǐ jiāng táo shù yǐn rù le yìn dù shù nián hòu táo shù zài yìn
去了桃，由此将桃树引入了印度。数年后，桃树在印
dù kāi huā jiē guǒ shòu dào le yìn dù rén mín de xǐ ài
度开花结果，受到了印度人民的喜爱
yǔ zàn sòng tā men hái jiāng zhōng guó rén zhù guò de dì
与赞颂，他们还将中国人住过的地
fang chēng wéi zhì nà pú dì zhōng guó dì bìng
方称为“至那仆地（中国地）”，并
jiāng táo chēng wéi zhì nà guǒ zhōng guó guǒ
将桃称为“至那果（中国果）”。

kè hòu sī kǎo
课后思考

1

wén zhāng lǐ nǎ xiē zuò wù shì tōng guò sī chóu zhī lù chuán rù zhōng guó de? yòu yǒu nǎ xiē shì cóng zhōng guó chuán chū qù de?

文章里哪些作物是通过丝绸之路传入中国的？又有哪些是从中国传出去的？

2

xǔ duō zuò wù yán zhe sī lù lái dào zhōng guó hòu, duì rén men de shēng huó yǐng xiǎng hěn dà, nǐ néng shuō chū yī liǎng diǎn yǐng xiǎng ma?

许多作物沿着丝路来到中国后，对人们的生活影响很大，你能说出一两点影响吗？

第三课 奔跑吧，汗血宝马

去中原路途遥远，驼队翻山越岭，跨江渡河，走了很多天，洋洋和丫丫都累得没精打采。

太阳快落山的时候，队伍抵达了一片绿洲，便驻扎下来过夜。

丫丫快忍受不了这艰苦的旅程了，有气无力地说："卡尔叔叔，好累呀！咱们可以坐汽车吗？"

"傻孩子，这时候哪有汽车呀。"卡尔叔叔不禁笑了。

洋洋大声说："我知道，古人是骑马赶路的。"

卡尔叔叔又笑着说："洋洋说得对，马在古代可是宝贝呢！还别说，咱们休息的这个地儿，正好出产良马！"

马踏飞燕，东汉青铜器，甘肃省博物馆藏

卡尔叔叔话还没说完，坐在对面的丫丫突然"腾"地站了起来，伸手指着远方，惊讶地喊道："快看那儿！"

大家都疑惑地看了过去，只见夕阳下，一匹英俊的马儿正悠闲地走在草原上。它一会儿快步疾走，一会儿又停下来吃几口牧草，仿佛整条忙碌的丝绸之路，都跟它没有关系似的。

皮毛光滑如水的骏马

"竟然是传说中的汗血宝马！"卡尔叔叔也激动了起来。

"什么，那就是汗血宝马？！"洋洋的表情更是夸张。

"没错！"卡尔叔叔非常兴奋，"传说这种马奔跑的时候，脖子处会流出血色的汗水，所以给它起了这么个传奇的名字。其实并不是这样的，只是因为汗血宝马皮肤比较薄，奔跑的时候能看到血管中流动的血液，加上很多汗血宝马是红色的，所以远远望去汗血宝马流出的

汗就像鲜血一样。”

知识链接

zhī shi liàn jiē

传说，汗血宝马跑得特别快，有“日行千里，夜行八百”的说法，不过实际上马儿能在一天内跑150公里，最多也不会超过200公里。所以“日行千里，夜行八百”是人们对汗血宝马奔跑速度的小小夸张。

“要是能有一匹就好了！”回过神来的丫丫说道。

“哈哈，谁都想要一匹好马！”卡尔叔叔笑了起来，“汗血宝马在古时候只有西域才有，血统高贵，性能优良。古代没有汽车，想要跑得又快又远，除了骑马，没有别的办法。在战争中，马更是极其重要。比如汉朝时期的匈奴，他们多次入侵咱们中原，靠的就是马匹充足、骑兵强悍。”

精于骑射的匈奴骑兵

“那汉朝后来有好马了吗？”洋洋问道。

“当初汉高祖建国的时候，马儿少得可怜，就连宰相这么大的官都只能坐牛车，皇帝乘坐马车的时候，想要找四匹颜色一样的马都找不到，简直寒酸极了。到汉武帝的时候，国家逐渐强大，马也多了起来。不过汉武帝一直觉得汉朝的马不够好，他日夜盼望能得到更好的马，让自己的军队更加强大。

“他从归国的使臣那里听说大宛盛产汗血宝马，非常激动，做梦都想得到。于是他派使臣带了千两黄金和一匹用黄金铸成的马，去大宛国换汗血宝马。没想到大宛国王不假思索地拒绝了，惹得汉朝的使臣十分生气，破口大骂。大宛国王觉得被侮辱了，便把使臣都杀光了。

金马

“这件事惹怒了汉武帝，他发誓，不得到汗血宝马绝不罢手。于是汉武帝派了一位叫李广利的将军，去征伐大宛国。由于路途遥远，粮食运输困难，远征军还没到大宛国，就病死、饿死了一大半，剩下的人也被打败了。三年之后，汉武帝又派李广利率领6万士兵，配备3万匹马，带上大量的武器，远征大宛。这次正好遇

上大宛发生政变，新国王主动向汉朝求和，并让李广利随便挑选汗血宝马。就这样，纯种的汗血宝马被李广利带回了中原。”

“得到汗血宝马好不容易啊！”丫丫情不自禁地感叹。

“是呀。可惜的是，汗血宝马到中原后，跟当地马产生的后代丢失了原来的优点，所以后来我国就没有汗血宝马了。”卡尔叔叔说到这里，有一点点失落。

知识链接
zhī shi liàn jiē

汗血宝马最亲近的后代叫作阿哈尔捷金马。阿哈尔捷金马具有非常优秀的血统和基因，有着细细的头、长长的脖子，腿也非常修长。它们皮肤非常薄，毛发也非常纤细，奔跑的时候步伐轻盈，力量大，速度极快，而且耐力非常持久。现在世界上只有3000多匹阿哈尔捷金马，大部分都生活在土库曼斯坦的绿洲。

“我们走近一点去看它吧！”洋洋一边说着，一边蹑手蹑脚地往马儿的方向走去。可汗血宝马十分警觉，立刻发现了洋洋，一下子就跑开了。

“都怪你！”丫丫嘟起了小嘴，“汗血宝马跑了！”

“哈哈，不要紧，不要紧。”卡尔叔叔赶紧安慰丫丫，“汗血宝马的美食在这里呢，它不会走远的，放心吧！”

“哦？汗血宝马的美食是什么呀？”洋洋好奇地问道。

卡尔叔叔指着眼前一片鲜绿的草地说：“这种肥美的牧草，叫作苜蓿，也在古时候从西域被带入了中原。它的汁水很多，动物吃了这种草之后，能长得非常强壮，皮毛也会变得鲜艳顺滑。”

知识链接

zhī shi liàn jiē

苜蓿是世界上分布最广的一种牧草，具有“牧草之王”的美名。苜蓿最早产于古代波斯，在公元前500年波斯人入

苜蓿

qīn xī là de shí hou mù xu zhǒng zi chuán rù le xī là zài gōng yuán qián
侵希腊的时候，苜蓿种子传入了希腊，在公元前200
nián de shí hou yòu lù xù chuán rù le yì dà lì hé běi fēi zài hàn cháo shí kāi
年的时候，又陆续传入了意大利和北非。在汉朝时开
tuò sī chóu zhī lù de zhāng qiān yòu jiāng mù xu dài dào le dōng fāng
拓丝绸之路的张骞，又将苜蓿带到了东方。

guài bu de hàn xuè bǎo mǎ pí máo zhè me piào liang jiù xiàng chóu duàn yí yàng
“怪不得汗血宝马皮毛这么漂亮，就像绸缎一样！”
yáng yang gǎn tàn dào nà wǒ men zài zhè lǐ děng tā ba
洋洋感叹道，“那我们在这里等它吧。”

tā kàn dào wǒ men kěn dìng bú huì guò lái de yā ya juē zhe xiǎo zuǐ
“它看到我们，肯定不会过来的！”丫丫噘着小嘴
shuō dào
说道。

kè hòu sī kǎo
课后思考

1 hàn xuè bǎo mǎ de míng zi shì zěn me lái de
汗血宝马的名字是怎么来的？

2 hàn wǔ dì wèi shén me xiǎng dé dào hàn xuè bǎo mǎ
汉武帝为什么想得到汗血宝马？

第四课　玉石之路

大家同甘共苦，翻过雪山林立的葱岭（帕米尔高原），来到了一座河边的城镇。驼队将各种商品拿到集市上交易，回来后在骆驼上载满了玉石。

“好漂亮！”看着各式各样的玉石，爱美的丫丫不停称赞。

“买这么多玉石是要运到哪儿去呀？”洋洋问。

“这里是于阗，藏语意思是‘产玉石的地方’，在我们那个年代叫和田。”卡尔叔叔解释道，“商人们是要将玉石运送到中原去，在那里可以卖个好价钱。”

“原来这儿就是产‘和田玉’的地方啊！”丫丫兴奋地说道。

“中国人好像从古至今都很喜欢玉呢。”洋洋自言自语。

和田玉——马上封侯

“可不是嘛，我国是世界上使用玉最早、最多的国家。历史上有很多关于玉的传说，其中最有名的就属和氏璧了。”

“卡尔叔叔，快给我们讲讲！”洋洋和丫丫异口同声。

“相传在两千多年前，楚国的卞和在山里得到了一块里面有玉的石头，把它献给了楚厉王。但玉工却说那只是一块破石头，里面根本没什么美玉。楚厉王大怒，以欺君之罪砍掉了卞和的左脚。后来卞和又把它献给了楚武王，结果卞和还是被当成骗子，被砍掉了右脚。

卞和抱璞图

“楚武王死后，楚文王继位，卞和抱着那块石头在山下哭了三天三夜，眼泪哭干了，又哭出了血。楚文王知道后问他：‘你为什么这么伤心？’他回答说：‘我不是哭我失去了双脚，而是哭宝玉被看成石头，忠贞的人被看成欺君之徒！’楚文王就叫人把那块石头切开

了看，里面果然是一块举世无双的美玉。楚文王让人把它做成了玉璧，取名叫‘和氏璧’。”

“卞和真可怜，被冤枉不说，还受了那么重的刑罚！”丫丫替卞和打抱不平。

卡尔叔叔点点头：“是啊！不过这块玉的故事还没有结束。后来楚国将和氏璧当作聘礼赠给了赵国。秦王知道了，派人送来一封信，说愿意用十五座城池来换。赵王不相信秦国会这么大方，但又害怕秦国的强大，就派蔺相如去送玉。

“蔺相如献上玉后，秦王果然对换城的事只字不提。蔺相如知道秦王没有诚意，就说：‘玉虽好，但也有瑕斑。让我指给您看。’秦王信以为真，将玉还给了蔺相如。蔺相如突然靠向一根柱子，说道：‘我看大王并不想交付城池。现在玉在我手里，您要逼迫我的话，我情愿用脑袋把这块玉撞碎在柱子上！’

“秦王生怕他真的撞碎宝玉，连忙假惺惺地在地

图上划了十五座城。但蔺相如岂会相信？他要求秦王斋戒五天，举行仪式来迎接这块天下闻名的宝贝。秦王见他态度坚决，只好同意。

“蔺相如把和氏璧带回住处后，立刻派人送回了赵国。秦王知道后，非常恼怒。后来他冷静地一想，杀了蔺相如非但得不到和氏璧，还会弄僵两国的关系，便放走了蔺相如。这就是‘完璧归赵’的典故。”

“一块玉换十五座城，真是太夸张了！”洋洋很惊讶，“幸好蔺相如机智勇敢，才没有被秦王骗去。”

知识链接

古人为什么看重“玉”？一是因为在我国传统文化里，玉代表着仁、义、智、勇、洁等高尚的品德；二是因为古人认为玉里面含有有益的元素，经常佩戴可以养生；三是因为古时候人们比较迷信，认为玉具有防祸辟邪的作用；四是因为玉石温润顺滑，可以用来制作美观精致的杯、碗、碟等用具和各种精美的饰品。

“古人十分喜欢玉石，慢慢就形成了以和田为中心的玉石之路。这条路形成于张骞出使西域之前，是丝绸之路的前身，和田玉就是靠它向东、西两个方向运输的。”卡尔叔叔耐心地解释玉石之路。

知识链接

zhī shi liàn jiē

玉门关——汉朝时期，汉武帝开通西域道路时修筑了酒泉到玉门间的长城，并设立了玉门关。玉门关是运输玉石的重要关口，因此而得名。

玉门关遗址

“我想起来了，之前在哈立德叔叔那里见到的月光杯，就是玉石做的。”洋洋总是对“宝贝”记忆深刻。

卡尔叔叔点点头：“那就是通过丝绸之路运过去的。说起来，玉石之路可是有着五六千年的历史，比丝绸之路还要早三千年呢！”

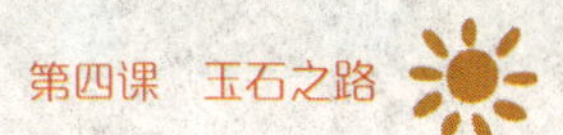

yù shí zhè me bàng yí huìr wǒ kě yào dài yí kuài shàng lù yáng yang
“玉石这么棒，一会儿我可要带一块上路！”洋洋
tiáo pí de tǔ le tǔ shé tou
调皮地吐了吐舌头。

kè hòu sī kǎo
课后思考

1. yù shí zhī lù yǔ sī chóu zhī lù shì shén me guān xì
玉石之路与丝绸之路是什么关系?

2. nǐ néng shuō chū wán bì guī zhào de gù shi ma
你能说出完璧归赵的故事吗?

第五课 邂逅美丽的丝绸（一）

驼队继续前进，来到了一个热闹的集市。街上的行人密密麻麻，街旁的商品各式各样。吆喝声清脆响亮，讨价声“嗡嗡”地响。洋洋和丫丫东看看，西望望，感到十分新鲜。

“咱们这是到了敦煌。”卡尔叔叔说道，“这里是中原去往西域的重要一站，是丝绸之路上几条大道交会的地方。抓紧叔叔的手，可别走丢了！”

“哇，终于看到漂亮的丝绸了！”三人路过一家店铺时，丫丫突然兴奋地喊道。

卡尔叔叔笑着说：“咱们在丝路上走了这么久，总算可以好好欣赏这最具代表性的宝贝了。别愣着了，快进去看看吧！”

花色精美的绸缎

丫丫松开了叔叔的手，立刻跑进了店铺。眼前这丝绸的颜色，比雨后的彩虹还要鲜艳！几匹绸缎披在架子上，就像飘在天边的晚霞一样。

丝绸上的光泽像月光一样洁白，还总是追着丫丫的目光移动，逗得她小脑袋摆来摆去。最后，她禁不住慢慢地把手伸了过去。“软软的，滑滑的，像浸在牛奶里一样。”她喃喃道。

卡尔叔叔哈哈笑道：“人们常说：‘丝绸，像水一样光滑，像烟一样轻软，像云一样飘逸。’”

“说得真好！”丫丫拍着手说。

洋洋站在一匹纹样精美的绸缎前，仔细观察着上面复杂的图案。

"小公子好眼光！"随着这段声音洪亮的话语，一个身着白衣、红光满面的人走了出来，原来是这家店铺的主人。

"这可是大名鼎鼎的蜀锦，来自几千里外的锦官城——成都。蜀锦历史悠久，是从秦汉一直传到今天的宝贝。在中原，这可是皇家才能享用的贡品！"

蜀锦纹样

他又走到一匹挂在墙上的绸缎旁，招呼道："来，看看这边。说到蜀锦，怎能不提蜀绣呢！比起锦来，绣更是源远流长，据说自从祖先们学会织绸起，就已经会在上面刺绣了。这花朵，这树枝，这仙鹤，要在远处看，还以为是窗外的美景呢……"

知识链接

zhī shi liàn jiē

锦与绣——锦是“织”出来的，就是在生产时将图案或文字织进绸缎里。锦与缎是融为一体的，称为“锦缎”。锦把蚕丝的优良性能和美术结合了起来，不仅是高贵的衣料，还是珍贵的艺术品。绣则是一针一线“绣”出来的，绣的过程称为“刺绣”，就是在布上用彩色丝线刺上图案或文字。有个成语叫“锦上添花”，你知道是什么意思吗？

云锦纹样

蜀锦纹样

宋锦纹样

湘绣

苏绣

粤绣

蜀绣

丫丫完全被丝绸迷住了，她见洋洋也凑了过来，便小声对他说：“好想把丝绸带回家，做漂亮衣服穿呀！”

“我也想啊，可是我的书包装不下这么一大块丝绸了。”洋洋把小手一摊，无奈地说道。

“没关系，等回去了，我会专门送你们两件丝绸衣裳的！”见丫丫和洋洋恋恋不舍的样子，卡尔叔叔安慰道，“织锦刺绣的手艺，可是一直流传了下来呢！”

卡尔叔叔又说：“丝绸在我国，有五六千年的历史。我们提起丝绸，不仅仅是欣赏它卓越的品质、精美的花色，更是看重它里面丰富的传统文化。古时候，帝王用丝绸彰显权威，百官用丝绸标识等级，百姓制作丝绸养家糊口，文人写下咏叹丝绸的诗词，画家在绢帛上泼墨挥洒……我们的汉语里，有好几百个跟丝绸有关的字，还有许多跟丝绸有关的成语和典故。”

课后思考

1 读完文中的知识链接后，你能说说锦与绣有什么区别吗？

2 你知道丝绸在我国有多久的历史吗？

dì liù kè　xiè hòu měi lì de sī chóu　èr

第六课　邂逅美丽的丝绸（二）

sān rén huí dào tuó duì　fā xiàn hěn duō huò wù yǐ jīng mài wán le　shāng rén men
三人回到驼队，发现很多货物已经卖完了，商人们
kāi shǐ bǎ yì pǐ pǐ sī chóu bān dào luò tuo shēn shàng
开始把一匹匹丝绸搬到骆驼身上。

yā ya hào qí de wèn dào　kǎ ěr shū shu　tuó duì zhè shì yào huí qù le ma
丫丫好奇地问道："卡尔叔叔，驼队这是要回去了吗？"

kǎ ěr shū shu diǎn diǎn tóu shuō　shì de　tā men huì yán zhe sī chóu zhī lù
卡尔叔叔点点头说："是的，他们会沿着丝绸之路，
bǎ sī chóu yùn wǎng xī yù　zhī hòu yùn wǎng zhōng yà huò zhě yìn dù　gèng yuǎn huì yùn dào
把丝绸运往西域，之后运往中亚或者印度，更远会运到
fēi zhōu hé ōu zhōu
非洲和欧洲。"

āi jí kāi luó de sī chóu shāng rén
埃及开罗的丝绸商人

zhù tā men yí lù shùn fēng ba　kàn zhe tuó duì dài zhe sī chóu　yuè zǒu yuè
"祝他们一路顺风吧。"看着驼队带着丝绸，越走越
yuǎn　hái zi men yǒu xiē bù shě
远，孩子们有些不舍。

tā men yùn zhè me duō sī chóu dào xī fāng qù　shì yīn wèi xī fāng rén hěn xǐ
"他们运这么多丝绸到西方去，是因为西方人很喜
huan sī chóu ma　yā ya wèn
欢丝绸吗？"丫丫问。

"是啊，历史上还发生过著名的'丝绢之战'呢。"卡尔叔叔回答道。

"丝绢之战？他们难道是因为丝绸打起来的？"洋洋问道。

卡尔叔叔说："最开始，西域的商人将我国的丝绸运到中亚。偶尔，会有一些丝绸向西穿过波斯，到达位于地中海沿岸的罗马帝国。由于丝绸太稀有了，因此绝大多数罗马人都不认识这种美丽的衣料。罗马诗人维吉尔是这样记载丝绸的：'丝国人从树上摘下的精美如羊毛的东西。'"

"丝国人？是说中国人吗？"丫丫问道。

"没错，他们那时候不了解中国，所以把中国叫成了丝国。"卡尔叔叔点头道，"当时，罗马的平民穿的是毛皮、布衣，非常粗糙。贵族穿的是亚麻做的衣物，色彩黯淡无光。他们从没见过丝绸这样华丽、舒适、轻便的衣料。贵族们在体验了丝绸那细滑的感觉，看到了丝绸那亮丽的光泽后，便喜爱上了它。像旋风一样，丝绸很快就刮遍了罗马的

身穿丝绸衣物的罗马贵族

上层社会。贵族们都以能穿到漂亮的丝绸衣服为荣。”

“丝绸真有魅力呢！”丫丫感叹道。

“是啊。”卡尔叔叔点点头，“后来，罗马的平民也穿起了丝绸衣物。但是，罗马人只能去波斯人那儿买，因此丝绸特别贵，甚至要同等重量的黄金才买得到。波斯人通过丝绸之路来往于东方和西方，靠着做这种远距离的买卖，赚了大量的钱。”

“所以罗马就跟波斯打起来了吗？”洋洋问道。

“他们之间确实因为这个打了好多次。过了几百年，罗马分裂成了东罗马和西罗马两个国家，其中东罗马与波斯是挨着的，是丝绢之战的一个主角。不过，这场战争还有一个主角——突厥汗国。”卡尔叔叔说道。

“在欧亚大陆的中央，有许许多多的游牧民族。后来突厥人把他们统一了，建立了突厥汗国。突厥管理着西域到中亚一带的丝绸之路，靠丝绸之路获得了很多好处。

“突厥人知道罗马人对丝绸特别喜爱，就也想把丝绸卖到罗马去。但是，波斯人不想和别人分享在罗马的丝绸生意，便阻止突厥人向西做买卖。

“突厥想改变局面，就派了一个使团去拜见波斯王。结果，波斯王不但没听，还把使团的使臣给毒死了，然后假装说：‘你们的使臣不适应我们这里的气候，生病去世了。’突厥人忍了下来，心里却恨透了波斯人。

“东罗马和突厥都跟波斯有矛盾，所以后来，他们就联合了起来，出兵攻打波斯。这便是我们说到的这场战争了。”

“最后他们谁打赢了？”丫丫好奇道。

“这场仗一打就是20年，谁也没能击败对方。”卡尔叔叔回答道。

“那罗马人不还是只能从波斯人那儿买丝绸吗？”洋洋说道。

“罗马人当然会想办法的呀。”卡尔叔叔回答道，“经过这些事之后，东罗马和突厥成了朋友。接着，他们一起在北方开辟了丝绸之路的新通道，这样罗马人就能直接从突厥人那里买丝绸了。”

“罗马人终于不用再依赖波斯人了！”丫丫开心地说道。

“打通丝绸之路真不是件简单的事。”洋洋若有所思。

课后思考

1 丝绸是怎样传到西方的？

2 罗马人为什么喜欢丝绸？

第七课　一起去看蚕宝宝（一）

“看了这么久的丝绸，我还不知道丝绸是怎么来的呢！”丫丫噘着小嘴说道。

卡尔叔叔刮了下丫丫翘翘的小鼻子，说：“那咱们就亲眼去看看呗！”

三人来到了集市后面的养蚕房。卡尔叔叔伸出手，往前轻轻一指：“你们瞧！”

丫丫和洋洋一看，都惊讶地瞪大了眼睛。只见无数只圆圆的、长长的虫子，趴在一片片巴掌大的桑叶上。有的蠕动着身子，“沙沙”地啃着叶子；有的一动不动，正在睡觉。它们白白胖胖的，可爱极了！

可爱的蚕宝宝

“这是蚕宝宝吧，卡尔叔叔？”洋洋认真地问道。

卡尔叔叔点了点头。

“看这几只蚕宝宝，它们的脑袋怎么黑黑的？”丫丫好奇地问道。

“它们这是要蜕皮了。蚕宝宝会蜕皮四次，越长越胖。”卡尔叔叔解释道。

蚕宝宝吐丝结茧

“呀，这只蚕宝宝被缠在网里了！咱们快救救它！”丫丫指着一只被白白的丝线围绕的蚕宝宝，着急地喊道。

“哈哈，你真逗，人家那是在结茧！”洋洋大笑道。

“蚕宝宝快成年的时候，就会开始吐丝，把自己一层一层地裹起来，包成一个蚕茧，就像是住进一个小房子一样。在里面，它们会再蜕一次皮变成蛹，最后长出翅膀，变成蚕蛾。这样，蚕宝宝才算真的长大了。”卡尔叔叔耐心地讲解道。

蚕宝宝的一生

“蚕宝宝要长大可真不容易！”丫丫感叹道。

“蚕茧上的丝，就是做丝绸的原材料了。古时候，人们把蚕丝抽出来，然后绞在一起，拧成一股细细的丝绳。”卡尔叔叔开始介绍丝绸的制作。

“那么细的丝，他们是怎么抽出来的？要是我来抽，肯定一下子就抽断了！”丫丫很好奇。

“抽丝的过程，叫作缫丝。”卡尔叔叔拿出一幅图，指着上面说，“丫丫，你看，这就是缫丝。把茧放在热水里面煮熟，茧就会渐渐地变柔软，这时就可以用手去抽了。”

煮茧缫丝

“原来是这样啊。那抽完丝之后就可以直接织成丝绸了吗？”丫丫问道。

“大体上是这样，但是古人的加工方法可不一般。比如制作普通的丝织品，人们会直接把丝织成布，再去染色。而制作比较高级的丝织品，像咱们先前看到的锦缎，则要先染色，再纺织。这样一来呢，颜色会更加鲜艳，还能织出不同的图案。”卡尔叔叔有条理地介绍着。

“听起来似乎很简单，但实际的过程比我说的要复杂多了。”卡尔叔叔继续说道，“一棵桑树，从播下种

子算起，要过3年，才能长出足够的叶子。蚕从孵化开始，要24—35天，才能结出蚕茧来。从蚕茧开始，又要经过30多道工序，才能织成绸子。而且这些工序都需要高超的技术，全都依赖人们的心灵手巧。”

“哇，怪不得丝绸这么珍贵！”丫丫惊讶道。

“我记得有首诗里面写‘遍身罗绮者，不是养蚕人’。先前我一直都不是很理解，现在听您这么一说，我有些明白为什么养蚕人穿不上丝绸了。”洋洋说道。

知识链接
zhī shi liàn jiē

zài gǔ dài dà duō shù shí hou qióng rén duō bàn shì yòng bù qǐ sī chóu de
在古代大多数时候，穷人多半是用不起丝绸的。
ér xiǎng chuān gāo dàng jīng měi de sī zhī pǐn guāng yǒu qián yě hěn nán zuò dào yī shì
而想穿高档精美的丝织品，光有钱也很难做到。一是
zhōng guó gǔ dài dì wèi zūn bēi yǒu bié duì fú shì zuò le yán gé de xiàn zhì èr shì
中国古代地位尊卑有别，对服饰做了严格的限制；二是
hěn duō gāo dàng de sī chóu zhì pǐn dōu shì guān fǔ shèn zhì huáng jiā zhuān mén zài fù
很多高档的丝绸制品都是官府甚至皇家专门在负
zé shì miàn shàng jī hū méi mài de yīn cǐ jǐn yī xiù páo duō shù shí hou zhǐ yǒu
责，市面上几乎没卖的。因此，锦衣绣袍多数时候只有
dá guān guì rén cái néng chuān zhuó shì shēn fèn xiǎn guì de xiàng zhēng
达官贵人才能穿着，是身份显贵的象征。

课后思考
kè hòu sī kǎo

1 cán bǎo bao jié jiǎn jiāng zì jǐ guǒ qǐ lái hòu huì zài lǐ miàn biàn chéng shén me yàng zi
蚕宝宝结茧将自己裹起来后，会在里面变成什么样子？

2 gǔ rén men shì zěn me bǎ sī cóng cán jiǎn lǐ chōu chū lái de
古人们是怎么把丝从蚕茧里抽出来的？

第八课　一起去看蚕宝宝（二）

“是不是只有咱们中国才会养蚕、做丝绸啊？”看完可爱的蚕宝宝后，丫丫想到了一个问题。

古代日本身穿和服的养蚕女

“这倒不是。”卡尔叔叔笑了笑说，“早在3000多年前，周朝初年，我国的养蚕技术就被箕子带到了朝鲜，然后又从朝鲜传到了日本。”

知识链接

箕子东渡——箕子是商朝末期人。相传箕子一行人来到黄海边，乘坐木筏向东前行，几天后来到了一座美丽的岛屿上。箕子见那里景色迷人，山清水秀，芳草连天，就将那个地方叫作朝鲜，并且定居下来。他在朝鲜建筑房屋，开垦农田，并教会人们养蚕织布。

“那西方国家呢？”丫丫问。

“汉朝时，丝绸之路开辟了，养蚕技术就通过丝路传到了中亚和南亚，后来又渐渐传到了欧洲。"卡尔叔叔回答道，"关于蚕种的西传，还流传了不少有趣的故事呢。"

丫丫一听，便激动了起来，摇着卡尔叔叔的手臂，撒娇道："卡尔叔叔，快讲给我们听！"

卡尔叔叔笑了，摸了摸丫丫的脑袋，不紧不慢地说："这第一个，便是《大唐西域记》中记载的传丝公主的故事。"

传丝公主

"丝绸作为丝路上最重要的商品，既精美绝伦，又能带来丰厚的利润，因此许多国家也想要学会养蚕和织绸。

"还记得出产美玉的于阗吗？它以前是一个国家。于阗东边有一个邻居，掌握了养蚕的技术，发展起了丝绸产业。于阗王看着邻国一天天繁荣，人民生活富足，很是羡慕。但是本国没有蚕种，于是，他派人去跟邻国国君说：'敬爱的君主啊，听闻您宽厚又仁慈，愿您能怜惜您的邻居，赐予我们珍贵的蚕种！'然而对方却坚决地拒绝了，说道：'这是我国的秘密，是绝不可能送给外人的。'邻国国君还命令关防加强看守，防止有人把蚕种带出国。

yú tián wáng pèng le dīng zi dàn tīng wén lín guó guó jūn shì yí gè zhì zài yuǎn
“于阗王碰了钉子，但听闻邻国国君是一个志在远
fāng de rén biàn xiǎng dào yí gè bàn fǎ tā xiě le fēng qiān gōng de shū xìn bèi xià
方的人，便想到一个办法。他写了封谦恭的书信，备下
le fēng hòu de lǐ wù xiàng lín guó qǐng qiú yíng qǔ gōng zhǔ lín guó guó jūn jué de zhè
了丰厚的礼物，向邻国请求迎娶公主。邻国国君觉得这
shì gè lā lǒng yú tián wáng de hǎo jī huì biàn tóng yì le
是个拉拢于阗王的好机会，便同意了。

zài gōng zhǔ chū jià qián yú tián wáng duì pài qù yíng qīn de shǐ chén shuō nǐ
“在公主出嫁前，于阗王对派去迎亲的使臣说：‘你
jiàn dào gōng zhǔ jiù gào su tā wǒ guó méi yǒu cán zhǒng méi bàn fǎ yǎng cán zuò sī
见到公主，就告诉她，我国没有蚕种，没办法养蚕做丝
chóu xī wàng gōng zhǔ néng xiǎng gè bàn fǎ bǎ cán zhǒng dài guò lái zhè yàng jiù kě yǐ
绸，希望公主能想个办法把蚕种带过来，这样就可以
zì jǐ zuò měi lì de yī shang le
自己做美丽的衣裳了。’

gōng zhǔ tīng le shǐ chén chuán dá de huà biàn jǐn shèn de bì kāi qí tā rén
“公主听了使臣传达的话，便谨慎地避开其他人，
tōu tōu de shōu jí le cán zhǒng dàn shì gōng zhǔ xīn lǐ hěn dān xīn xiàn zài jiǎn chá zhè
偷偷地收集了蚕种。但是公主心里很担心：现在检查这
me yán gé yào shi bèi fā xiàn le fù qīn kěn dìng ráo bù liǎo zì jǐ zuì hòu tā
么严格，要是被发现了，父亲肯定饶不了自己。最后她

gōng zhǔ qǔ chū cáng zài mào zi lǐ de cán zhǒng
公主取出藏在帽子里的蚕种

灵机一动，将蚕种放在了帽子里。到了关防的时候，检查人员将迎亲队伍全身上下都仔细地搜查了一遍。但是到了公主这里，见到公主一副庄严镇静的样子，他们根本不敢去查。蚕种就这样顺利过关了。

“公主进入于阗后，于阗王以隆重的礼仪迎娶了她。此后，桑蚕养殖便在于阗流传开来，于阗人终于可以穿上自己生产的丝绸衣服了。后来，于阗人建了一座麻射僧伽蓝，来纪念公主的恩情。”

“这位公主的胆子真大！”丫丫说道。

“这叫有勇有谋！”洋洋笑着说。

知识链接

伽蓝——僧众共住的园林，即寺院。

西传罗马

“你们还记得东罗马吗？”卡尔叔叔问道。

“记得。”丫丫立刻回答道，“东罗马、突厥和波斯打了一仗呢。”

卡尔叔叔点点头：“小丫头记得还真清楚！当时，东罗马的皇帝叫查士丁尼，想自己发展养蚕业。于是，一个传教士就去拜见了查士丁尼，说：‘尊敬的陛下，我

曾去过遥远的东方，能为您找来珍贵的蚕种。’查士丁尼听了，非常高兴，便给了他一大笔钱财，让他去办这件事。传教士沿着丝绸之路再次来到东方，了解养蚕和种桑。为了不让人发现，他将蚕种和桑籽——就是桑树的种子，藏在了竹子做的手杖里。因为竹子中间是空的，蚕种和桑籽放里面不会被人发现。又花了一年时间，他回到了罗马。罗马人满心期待着养殖的成功。但是，他却叫人将蚕种埋在地下，将桑籽放在怀里像孵小鸡一样孵化。结果，就可想而知了。”

查士丁尼接过竹杖

“哈哈，他真笨，把蚕种和桑籽搞反了！”丫丫乐不可支。洋洋也在一旁笑出了声。

“有两个印度僧人正在罗马旅行。他们听说了这件事，就来到王宫，对查士丁尼说：‘我们曾经在丝国住了很久，用心研究过怎么养蚕。’查士丁尼就答应他们，

事成之后，必有重赏。印度僧人领命出发，经过长途跋涉，到达了中国。他们经过一番探访，将整个种桑和养蚕的过程记录得清清楚楚。又经过一番波折，他们终于如期回到罗马。”

“这次成功了吗？”丫丫急切地问道。

“是的，他们成功了！”卡尔叔叔说道，“此后，欧洲的养蚕业也渐渐发展了起来。”

课后思考

1 谁把养蚕技术带到了朝鲜？

2 东罗马为什么想要获得养蚕技术？

第九课　绚丽的烟花

经过几个月艰辛的旅程，卡尔叔叔带着洋洋和丫丫重走了一遍海上和陆上丝绸之路。最后，大家终于到达了古丝绸之路的起点——长安（今西安）。城市中熙熙攘攘，好一幅繁荣景象。

夜晚，大家正准备休息，一声突如其来的呼啸，打破了黑夜的宁静。只见一团闪亮的光芒快速上升，留下一线暗灰色的烟雾。“嘭”的一声，一朵“花儿”在空中绽放，分裂成无数小小的光点，照亮了整个夜空！

“好漂亮呀！”丫丫感叹道，“没想到这时候就有烟花了！”

“是的。”卡尔叔叔说，“这个时代的烟花还不是很常见，估计是某个大户人家有什么喜事吧。”

卡尔叔叔接着说："其实，烟花的出现主要依靠一种东西的发明，那就是火药。"

"火药？"丫丫惊讶地看着卡尔叔叔，"以前老师讲过，火药也是中国古代四大发明之一，子弹、炮弹都需要火药来制造。原来烟花也是用火药做的呀！"

卡尔叔叔点点头："没错，火药是人类一项很重要的发明。火药一旦被点燃，就会迅速地燃烧，然后释放出大量能量，所以它具有很大的威力。在唐朝的时候，人们把火药放在竹筒里，造出了'火药爆竹'，这比以前焚烧竹子的'爆竹'声音可要大多了！后来人们又把火药和一些金属粉末混在一起，那些金属粉末灼烧时会产生不同颜色，就这样造出了烟花。"

"古人太厉害了！那他们是怎么发明火药的？"洋洋问道。

炼丹时丹炉爆炸

卡尔叔叔回答说："火药其实起源于古时候的炼丹术。汉朝的汉武帝想要长生不老，就向民间广求丹药，于是民间就开始盛行炼丹，出现了许许多多的炼

丹家。虽然长生不老药没有找到，但是在炼丹的过程中意外发明了火药。因为火药极易燃烧，经常造成丹房失火，于是唐朝时期的炼丹家就将这种药命名为‘着火的药’，也就是火药。火药曾经被用作药物，治疗疮癣、瘟疫，甚至还能杀虫、辟湿气。”

“没想到火药原来真的是‘药’啊！”丫丫感觉非常有趣。

“那人们又是怎么想到把火药拿来做枪炮的？”洋洋问。

“你们都听说过古代打仗经常用火攻吧。一开始，人们是在箭头上或者石头上涂抹油脂等容易燃烧的东西，点燃后发射或者抛射出去。后来火药发明了，人们就用火药包代替油脂，出现了霹雳火球、火箭、火炮等，常用来焚烧敌人的仓库、粮草，或是用来攻城和守城。到了宋代，出现了世界上最早的喷射火器——突火枪。”

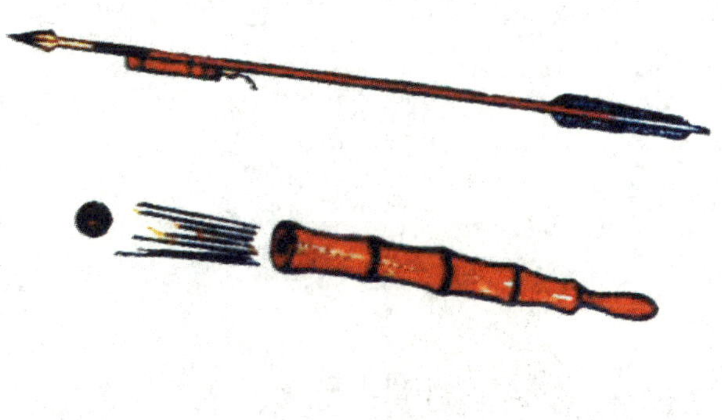
火箭和突火枪

“说起火箭，就不得不提到明朝的万户。他坐在装有47个当时最大火箭的椅子上，双手各持一个大风

万户飞天

筝，想要借助火箭的推力和风筝的升力实现飞行的梦想。可惜的是，他滑翔出去没多远，火箭就爆炸了！”卡尔叔叔略带惋惜地说道，“尽管失败了，但万户被誉为利用火箭飞行的第一人。为了纪念他，月球上的一个环形山还以万户的名字来命名。”

“万户真勇敢！那火药是不是也顺着丝路传到国外了，所以他们后来才有了枪炮？”洋洋很快就想到了关键点。

卡尔叔叔点点头：“是的，早在八九世纪时，我国的火药就跟医术还有炼丹术等一起传到了波斯、阿拉伯。当时波斯人称它为‘中国盐’，而阿拉伯人称它为‘中国雪’。他们只知道火药是用来治病、冶金和做玻璃的。

“真正让西方人掌握火药武器的是战争！十三世纪，蒙古军队中编入了火器手。在蒙古大军的第二次西征中，新编入的火器部队和蒙古大军一起，与波兰人和日耳曼人组成的三万联军展开了激战。装备火器的蒙古大军横扫东欧，波兰火药史学家盖斯勒躲在战场附近的一座修道院内，偷偷描绘了蒙古士兵使用的火箭的样子：蒙古兵从一种木筒中成束地发射出火箭攻击对方。因为在木筒上绘有龙头，被波兰人称作‘中国喷火龙’。后来，阿拉伯人战胜了蒙古军队，缴获了大量的火箭、毒火罐、火炮、震天雷等，从而掌握了火药武器的制造和使用技术。再后来，阿拉伯人与欧洲国家进行了长期的战争，欧洲人也慢慢掌握了火药和火药武器技术。”

蒙古军队攻城时用投石机抛出毒火炮

“欧洲人得到火药后，如获至宝，彻底改变了战争方式。市民的大炮攻破了以前一直攻不破的贵族城堡石墙，市民的子弹射穿了骑士的盔甲；贵族的统治被推翻了，整个欧洲建立起了新的社会秩序。欧洲人不断发展火药技艺，在工厂中制造出了新的精锐火枪和火炮。装备着威力强大的枪炮的舰队，扬帆出航，去征服其他地方，点燃了近代世界几百年不灭的硝烟。”

卡尔叔叔顿了顿，又说道：“中国人发明了火药，是人类历史上的一件大事。如果人们只是把火药拿来做烟花爆竹，或者像现在一样拿来爆破开山，那该是多么令人愉快的事。可惜人们也把它拿来制造武器，置无数人于死地。所以一项伟大的发明，该如何使用它，是一个值得思考的问题！”

听完卡尔叔叔的话，洋洋和丫丫陷入了深思。

课后思考

1 火药的名字是怎么得来的？

2 火药最早是什么时候传到波斯和阿拉伯的？

jié yǔ

结 语

huí jiā de lù shàng kǎ ěr shū shu qiān zhe yā ya hé yáng yang de shǒu
回家的路上，卡尔叔叔牵着丫丫和洋洋的手，
wēn hé de wèn dào zhè cì de sī lù zhī lǚ dào zhè lǐ jiù yào jié shù
温和地问道：“这次的丝路之旅到这里就要结束
la nǐ men yǒu shén me xiǎng shuō de ma
啦，你们有什么想说的吗？”

yā ya qiǎng zhe shuō dào dāng rán yǒu la wǒ mén kě shì shōu jí le
丫丫抢着说道：“当然有啦！我们可是收集了
hǎo duō bǎo bèi shǔ jià zuò yè bú yòng chóu le dàn shì zhè cì lǚ xíng tài
好多宝贝，暑假作业不用愁了！但是，这次旅行太

短，这么快就要回家了，下次旅行都不知道要等到什么时候了！”

丫丫的一番抱怨，惹得卡尔叔叔和洋洋都忍不住笑了起来。

洋洋轻轻舒了口气，然后认真地说：“这一次的丝路之旅，我有很大的收获，不仅认识了丝路上的那些奇珍异宝，还学习了丝路精神。我想，卡尔叔叔您让我们学习这些知识，是为了让我们了解‘一带一路’的重大意义，并做好准备，将来长大了投身于这一伟大的事业中吧！”

卡尔叔叔点点头：“洋洋果然是个聪明的孩子。的确，这就是这一次旅行的目的所在。”

丫丫挠了挠头，不解地问：“可是这一路上我们都在学习古代丝绸之路的知识呀，新的丝绸之路又要做什么呢？”

1910年古丝绸之路上的凉州

卡尔叔叔笑着说：“‘一带一路’就是借用古代丝绸之路的历史符号，以和平发展为前提，积极发展与沿线国家的经济合作伙伴关系，共同打造一个友好互助、一同发展的共同体。新丝绸之路就像古代丝绸之路一样，它将会把亚洲、欧洲和非洲连接起来，利用其中的基础设施工程链，建立世界上最大的经济走廊。这一愿望是中国和世界上大部分国家的共同愿望，他们都希望能努力建成有史以来世界最大的经济发展项目，这样一来就能对整个世界经济产生连锁反应。或许我这么说丫丫你很难明白，所以简单来说，就是这个重大的工程中蕴藏着能使国家的商业、工业、思想、发明和文化复兴的潜力，从而推动建立起一个持久和平、共同繁荣的和谐世界。”

“能让中西方国家共同繁荣发展，和平往来？难怪电视里说‘一带一路’是非常重要的倡议呢！”丫丫睁大了眼睛。

“丝路上每个国家都有自己的长处，一起合作，可以取长补短！”洋洋补充道。

“看来洋洋不光在这次旅行中收获了很多，平时也下了很大的功夫呀！”卡尔叔叔欣赏地拍了拍洋洋的头。

“因为卡尔叔叔您曾说我们都是祖国未来的接班人。虽然我们现在对‘一带一路’了解得还不多，但我相信学习这些知识肯定对它的目标的实现有帮助！”洋洋郑重地说道。

丫丫也举起了小手，难得露出严肃的表情，认真地说：“是的，卡尔叔叔，您别看我们现在年纪小，有时候也有些贪玩，但我们已经准备好未来为这一伟大倡议的实现而努力了！”

卡尔叔叔拉着两个孩子的手，内心无比欣慰。他高兴地说道：“我相信你们，孩子们！走吧，咱们该回家啦！”